Mama's Milk
Mamá me alimenta

Mama's Milk
Mamá me alimenta

BY / POR Michael Elsohn Ross • ILLUSTRATIONS BY / ILUSTRACIONES DE Ashley Wolff

TRICYCLE PRESS
Berkeley/Toronto

Cuddle little baby warm and tight
Mama's going to feed you day and night.

**Ven aquí mi amor, ven aquí a mi lado.
Mamá te alimenta con mucho cuidado.**

She'll fatten you up in a sunny pig sty.

Te ayuda a engordar en un alegre chiquero.

She'll grow you up strong under the morning sky.

Te ayuda a ser fuerte bajo el cielo entero.

MONKEY AND INFANT
MONA Y CRÍA

Mama's going to nurse you high up in a tree.

Mamá te alimenta subida a una rama.

Mama's going to nurse you down low by her knees.

Mamá te alimenta en la gran sabana.

Hang with your mama in a cave dark and cool.

Abraza a mamá en la cueva fría.

Stay with your mama by a fishy pool.

Acércate a mamá cerca de la ría.

She'll watch over you in a deep, soft home.

Mamá te vigila en la madriguera.

She'll be there for you whenever you roam.

Mamá te protege en la gran pradera.

Sweet little baby, be still for a while.

Tranquilo, mi amor, come sin prisa.

Let mama feed you under her smile.

Mamá te alimenta con una sonrisa.

You can curl up with mama in a safe, dry furrow.

Quédate con mamá muy acurrucado.

COYOTE AND PUPS
COYOTE Y CACHORROS

You can snuggle up to her in a secret burrow.

Siéntete seguro estando a su lado.

Mama's going to swim as you sip and ride.

Mamá nada contigo, no te deja sola.

Mama's going to float as you nurse by her side.

Bebe mientras flotas en las grandes olas.

Fill your tummy while mama snores.

Llena la pancita, mamá está dormida.

Dine in peace in the dusky outdoors.

Traga sin parar mientras ella te mira.

HAMSTER AND PUPS
HÁMSTER Y CRÍAS

You can snack at night in a cozy bed.

Come un poco más antes de dormir.

You can wiggle all together when you are fed.

Ya verás qué bien te vas a sentir.

Cuddle little baby, take a rest
Fall asleep on mama's breast.

**Ven aquí a mi lado, ven aquí mi amor.
Quédate en mi pecho, duerme sin temor.**

Monkeys can nurse infants for a year or longer.

Los monos amamantan a sus crías durante un año o más.

Foals nurse every thirty minutes.

Los potros comen cada treinta minutos.

Calf elephants drink from mama for two to five years.

Las crías de elefante maman de dos a cinco años.

Kangaroo milk is pink.

La leche del canguro es rosada.

Otter pups nurse for seven weeks.

Las crías de nutria maman durante siete semanas.

Mama's milk helps to protect babies from common diseases.

La leche materna ayuda a proteger a los bebés de enfermedades comunes.

Sea lion mamas leave their pups for two to four days to catch fish, then nurse for two to three days.

Las mamás leonas marinas dejan solas a sus crías de dos a cuatro días mientras buscan peces, luego los amamantan de dos a tres días.

The biggest piglets nurse lowest on their mother's belly.

Los lechones más grandes se ponen en la parte más baja de la barriga de la mamá.

Female bats roost together while nursing.

Las hembras de murciélago se juntan mientras están amamantando.

Puggles lick milk from patches on the mama platypus.

Las crías de ornitorrinco lamen la leche que sale de los poros de la madre.

Mama's milk enhances babies' brain development.

La leche materna estimula el desarrollo del cerebro del bebé.

Hamster pups nurse for three weeks.

Las crías de hámster maman durante tres semanas.

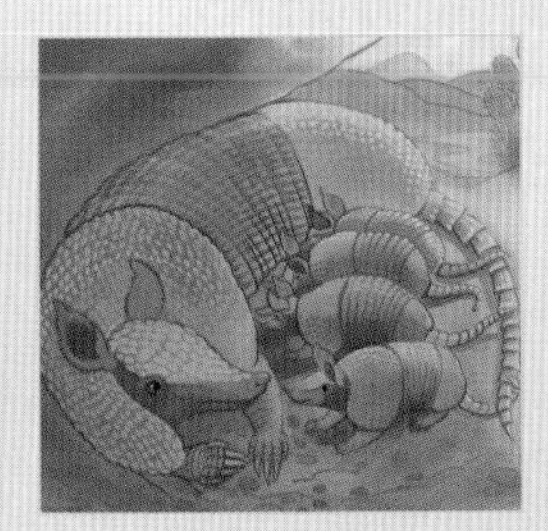

Armadillo pups nurse for two months.

Las crías de armadillo maman durante dos meses.

A mother whale squirts milk into her calf's mouth.

La ballena lanza chorros de leche a la boca de su cría.

Kittens knead their mama's nipples to get the milk flowing.

Los gatitos empujan con las manos los pezones de su mamá para que salga la leche.

A dolphin calf holds its breath while feeding underwater.

Las crías de delfín aguantan la respiración mientras comen bajo el agua.

Normally nocturnal, raccoon mamas often forage in daytime while nursing.

Los mapaches son nocturnos, pero cuando las mamás amamantan, buscan comida durante el día.

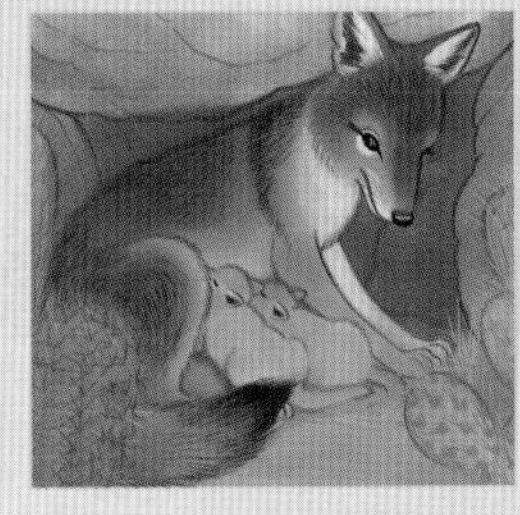

Papa coyotes feed the mama while she is busy nursing.

El papá coyote alimenta a la mamá cuando ésta amamanta a las crías.

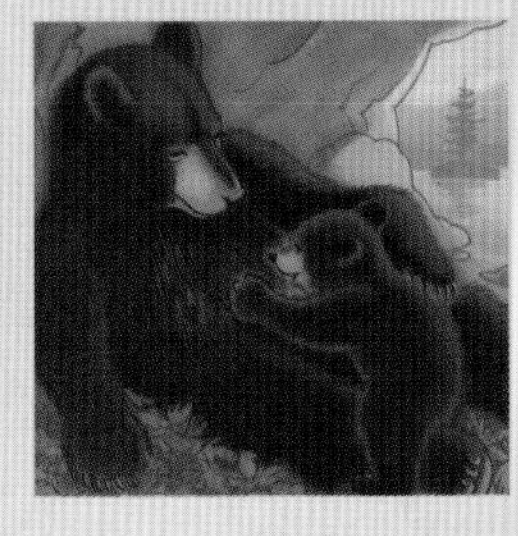

Cubs nurse from mama bear while she sleeps through the winter.

Los oseznos maman mientras sus mamás duermen durante el invierno.

A breastfeeding mama gets more sleep.

Las mamás que dan el pecho duermen más.

For more breastfeeding inspiration, visit www.promom.org/101/

Para más información sobre la lactancia, visite www.4women.gov/espanol/lalactancia

To my grandniece, amazing Emma Jeanne.
A mi sobrina nieta, la increíble Emma Jeanne.
—MER

For my mother, Deane, who nursed me. And with thanks to the beautiful Tu family.
A mi madre, Deane, que me dio el pecho. Gracias a mi encantadora familia, los Tu.
—AW

Spanish translation by Aurora Hernandez

Tricycle Press
an imprint of Ten Speed Press
PO Box 7123
Berkeley, California 94707
www.tricyclepress.com

Interior Design by Susan Van Horn and Katy Brown
Cover design by Susan Van Horn, Colleen Cain, and Katy Brown
Typeset in Sabon, Univers, and Wendy
The illustrations in this book were rendered in gouache.

Library of Congress Cataloging-in-Publication Data

Ross, Michael Elsohn, 1952-
Mama's milk / by Michael Elsohn Ross ; illustrated by Ashley Wolff.
p. cm.
Summary: Illustrations and rhyming text portray baby mammals nursing.
ISBN: 978-1-58246-244-8 bilingual hc
ISBN: 978-1-58246-245-5 bilingual ppk
[1. Breastfeeding—Fiction. 2. Mammals—Fiction. 3. Animals—Infancy—Fiction. 4. Parental behavior in animals—Fiction. 5. Stories in rhyme.] I. Wolff, Ashley, ill. II. Title.
PZ8.3.R7432Mam 2007
[E]--dc22
2006020873

First Tricycle Press printing, 2007
Printed in Malaysia

2 3 4 5 6 7 — 12 11 10 09 08